AF314063

# ALLOCUTION DE M. LE BATONNIER

ET

# ÉLOGE

DE

# P.-L. LACRETELLE

PAR

M. JULES SECHEHAYE

OUVERTURE DE LA CONFÉRENCE DES AVOCATS À LA COUR IMPÉRIALE DE METZ

Séance du 3 décembre 1866

## METZ

TYPOGRAPHIE ROUSSEAU-PALLEZ, ÉDITEUR

RUE DES CLERCS, 14

—

1867

# ALLOCUTION

## DE M. LE BATONNIER

La première conférence de l'Ordre des Avocats à la Cour impériale de Metz, pour l'année judiciaire 1866-1867, a eu lieu le 3 décembre. Un grand nombre de magistrats honoraient de leur présence cette séance d'inauguration; M. A. de Faultrier, bâtonnier, l'a ouverte par l'allocution suivante :

MES CHERS ET JEUNES CONFRÈRES,

Chaque année, à la reprise de nos conférences, votre Bâtonnier vous entretient quelques instants des devoirs de notre profession, ou vous adresse des conseils dictés par l'expérience et l'affection. Permettez-moi de vous dire aujourd'hui quelques mots du désintéressement qui est le premier devoir de l'avocat; ce n'est pas, grâce à Dieu, qu'il se soit dans ces derniers temps, produit au milieu de nous, aucun fait qui donne à ce sujet une opportunité spéciale. Mais à une époque où toutes les cupidités sont déchaînées, où les notions du bien et du mal semblent s'effacer de plus en plus, il est bon d'affirmer, pour les graver encore plus profondément dans les cœurs, ces sentiments de désintéressement et de délicatesse qui forment la plus précieuse comme la plus constante de nos traditions.

A Athènes, le ministère des orateurs était d'abord purement gratuit. On les récompensait de leurs services en les élevant aux charges de la république. Antiphon fut, dit-on, le premier qui reçut de ses clients une récompense pour le soin qu'il avait pris de leur défense. Les autres orateurs, à son exemple, reçurent également de leurs clients des honoraires en argent et autres présents; ils se conduisirent cependant toujours plutôt par un principe d'honneur que par intérêt, et ceux en qui on reconnut un esprit mercenaire, en furent repris vivement, comme on le voit dans les oraisons d'Eschines et de Démosthènes.

A Rome, le ministère des patrons ou avocats était d'abord gratuit. Mais comme il devint plus difficile et plus onéreux à mesure que les lois et les affaires se multiplièrent, les clients s'accoutumèrent à faire des présents à leurs patrons, afin de les engager à se charger de leur défense. Dans la suite cet usage fut regardé comme un abus et le tribun Cincius fit une loi qui, fut appelée de son nom *Cincia*, par laquelle il défendit à tout patron ou orateur de recevoir de l'argent ou autre présent pour aucune cause. Cette loi fut mal observée. Lorsque, sous les empereurs, les dignités furent accordées à la faveur du maître et non au mérite, les avocats durent accepter les présents que leur faisaient leurs clients. Auguste, il est vrai, renouvela les défenses de la loi *Cincia*, mais vers la fin de son règne elles furent levées sous le consulat de *Silius*.

Cependant il y eut quelques abus, et l'empereur Claude défendit aux avocats de recevoir plus de dix grands sesterces, ce que quelques-uns, selon Boucher d'Argis, évaluent à dix mille livres de notre monnaie, d'autres seulement à trois ou quatre cent livres.

Telles étaient, en substance, les règles du droit romain sur ce point important de la discipline du barreau.

Après la conquête des Gaules par les Romains, il ne paraît pas douteux que l'on n'y ait observé pour les avocats la même discipline qu'à Rome, et les avocats jouissaient dans les Gaules, comme à Rome, d'une extrême considération.

Il est probable, malgré quelques avis contraires, que l'invasion des Francs avait profondément modifié cet état de choses. Il ne pouvait guère, en effet, y avoir place pour les avocats chez un peuple qui n'était occupé que de guerres et de combats ; il ne nous reste aucun détail sur le barreau des sixième, septième et huitième siècles ; mais on trouve dans les capitulaires de Charlemagne plusieurs textes relatifs aux avocats. En voici un notamment qui mérite d'être rappelé :

*Si advocatus in causâ susceptâ, iniquâ cupiditate fuerit repertus, ex conventu honestorum et judiciorum communione separetur.*

Depuis Charlemagne jusqu'au milieu du treizième siècle, le barreau français se trouve comme perdu au milieu de l'épaisse obscurité qui couvre notre histoire.

Pendant cette époque d'anarchie, où la force dominait, presque tous les procès se terminaient dans un combat judiciaire ; c'était le jugement de Dieu.

Sous le règne de saint Louis nos institutions judiciaires prirent un développement plus régulier, le droit romain pénétra peu à peu dans nos cours de justice : le duel fut aboli, les établissements parurent et la profession d'avocat, de jurisconsulte, reprit, sinon tout son éclat, du moins une grande importance.

A cette époque, presque tous ceux qui se vouaient à la profession d'avocat appartenaient au clergé ; le clergé seul, en effet, possédait l'instruction et les lumières nécessaires pour suivre la carrière du barreau ; aussi voit-on l'autorité ecclésiastique s'immiscer dans les questions relatives aux attributions et aux devoirs de l'avocat et spécialement au règlement des honoraires. Dans le concile tenu à Lyon, le 7 mai 1274, ces honoraires furent fixés à 20 livres tournois avec obligation, pour les avocats, de renouveler chaque année le serment qu'ils ne recevraient rien de plus. Ce taux fut modifié par Philippe-le-Hardi qui porta à 30 livres le maximum des honoraires de l'avocat et en établit la proportion sur l'importance de l'affaire, sur le mérite et la célébrité de l'avocat, sur l'usage du barreau et les facultés du client. (Ordonnance du 23 octobre 1274.)

Mêmes dispositions dans une ordonnance de Louis-le-Hutin, du 19 mars 1314.

Ces 30 livres formaient une somme considérable pour ce temps-là; elles répondaient, dit Boucher d'Argis, à 600 livres de la monnaie de son temps.

Un arrêt de règlement du Parlement de Paris, rendu en 1344, renouvela sur ce point les anciennes prescriptions.

Mais les magistrats eux-mêmes arbitraient à des sommes plus fortes l'honoraire des avocats, eu égard au mérite du travail.

Toutes ces restrictions sont, depuis longtemps, abolies. Il n'y a rien de déterminé sur la quotité des honoraires. Les avocats peuvent recevoir ce que les parties leur offrent comme rémunération des soins et du zèle avec lesquels elles ont été défendues. L'avocat, dans les indications qu'on lui demande, doit tenir compte de l'importance de l'affaire, des soins qu'elle a exigés de lui, de la fortune du client. Mais il faut qu'il se montre toujours modéré et ne perde pas de vue qu'en général, même pour le plaideur qui gagne son procès, le procès en lui-même est déjà une cause de perte et de sacrifices qui ne doivent pas être aggravés par des demandes indiscrètes.

Comme l'offre des honoraires doit être spontanée de la part du client, tout procédé de l'avocat qui tendrait à exercer une contrainte quelconque sur son esprit serait essentiellement contraire à la délicatesse; ainsi j'ai trouvé dans nos registres une délibération du conseil de l'ordre, remontant à plus de quarante ans, qui a très justement condamné à la réprimande un avocat qui, le jour de l'audience, avait menacé le père de deux jeunes gens traduits devant la cour d'assises de ne pas défendre ses deux fils s'il ne lui remettait des honoraires; et cependant l'avocat inculpé, quoique n'ayant pas reçu d'honoraires, avait défendu les deux accusés et les avait fait acquitter. Le conseil de discipline, tout en tenant compte de ces circonstances qui étaient atténuantes, a considéré avec raison, comme contraire à la délicatesse et à l'honneur de la profession, le procédé qui avait jeté l'inquiétude dans l'esprit du père des deux accusés.

C'est aussi une tradition constante au barreau qu'un avocat ne saurait, sans déroger à l'honneur de sa profession, actionner son ancien client en justice pour le paiement de ses honoraires, et ici l'usage des avocats est plus sévère que la jurisprudence des tribunaux qui accorde généralement une action à l'avocat contre son client. Il existe un exemple fameux de cet usage : Linguet, célèbre avocat du Parlement de Paris, obtint contre le duc d'Aiguillon, son ancien client, une condamnation à 25,000 fr. pour ses honoraires ; mais il fut rayé du tableau de l'ordre.

Le même sentiment de délicatesse qui dénie à l'avocat une action contre son client pour le paiement de ses honoraires s'oppose à ce qu'il en donne quittance. Tel est l'usage, bien que l'art. 44 du décret de 1810 porte que les avocats doivent faire mention de leurs honoraires au bas de leurs consultations, mémoires et autres écritures, et donner un reçu de leurs honoraires pour les plaidoiries.

Cependant il est généralement admis que lorsque c'est un comptable qui remet à l'avocat ses honoraires, il peut lui en être accusé réception par une simple lettre.

Ce fut une ordonnance de Henri III, dite ordonnance de Blois, qui, la première, prescrivit une quittance à peine de concussion, mais elle blessa la juste susceptibilité du barreau qui refusa d'en tenir compte.

En 1602 le Parlement de Paris, provoqué par Sully, qui se plaignait que dans un procès les honoraires de son avocat lui avaient coûté trop cher, rendit un arrêt portant que l'ordonnance serait exécutée ; les avocats se réunirent au nombre de 307 et résolurent tous de renoncer à leur profession, ce qui fut fait.

Le cours de la justice ayant été interrompu, Henri IV dut intervenir en confirmant l'arrêt pour la forme. Par lettres-patentes, du 25 mai 1602, il rétablit les avocats dans leurs fonctions en les autorisant à les exercer comme auparavant. Il est curieux de voir dans le *Dialogue des Avocats*, d'Antoine Loysel, en quels termes énergiques s'exprime son fils au sujet de l'obligation imposée aux avocats de marquer le chiffre de leurs honoraires :

« N'est-ce pas une honte, dit-il, qu'il faille que nous soyions
» contraints de faire comme les sergents qui sont tenus de mettre
» au bas de leurs exploits ce qu'ils reçoivent des parties pour le
» salaire qui leur est taxé par les ordonnances ? Car encore que le
» nôtre ne soit point borné, ains remis à notre discrétion ; si est-il
» honteux non-seulement de l'écrire, mais aussi de le dire, et
» quand notre taxe viendroit de la pure libéralité de la partie, si
» serions-nous toujours subjets à la censure ou malveillance d'un
» rapporteur qui ayant fait mander un de nous dans sa chambre
» pour rendre un ou deux écus qu'on lui aurait donnés de plus qu'il
» n'estimera nostre labeur, sera bien aise de nous faire condamner
» à les rendre, et par là nous faire recevoir une si grande honte,
» que j'aymerais mieux n'être jamais entré au palais que cela me
» fust advenu. »

L'ordonnance de 1667 a renouvelé les prescriptions de l'ordonnance de Blois ; mais elle n'a pas été mieux observée, tant il est
vrai que les mœurs sont plus fortes que les lois quand celles-ci
froissent la conscience et blessent ces sentiments intimes de délicatesse qui constituent la dignité de l'homme.

Mais il ne faut pas l'oublier, mes chers confrères, cette noble
fierté, qui s'exprimait si bien dans le dialogue de 1602, serait
ridicule et déplacée chez des hommes que n'animerait pas le plus
pur désintéressement.

Je ne crois pas pouvoir mieux résumer tout ce que je vous ai dit
qu'en vous rappelant que l'honoraire n'est point un salaire, que
c'est plutôt la reconnaissance d'un bienfait que le paiement d'un
travail, et comme il arrive souvent que les plaideurs sont, à cause
de leur indigence, dans l'impossibilité de témoigner de cette façon
leur reconnaissance, il a toujours été de règle que l'avocat devait
prêter gratuitement son ministère aux pauvres gens. Ce principe,
aussi ancien que l'ordre, a reçu une consécration ou une forme
nouvelle dans la loi sur l'assistance judiciaire qui a rendu si facile
aux indigents l'accès de la justice. Dans ces affaires si fréquentes
aujourd'hui, vous aurez l'occasion d'observer bien des misères phy-

siques et morales : ne soyez pas insensibles à ces infortunes, donnez
à vos malheureux clients, en même temps que votre assistance juri-
dique, les consolations et les encouragements qui leur feront voir
en vous un ami autant qu'un conseil. Quand le jour de l'audience
arrivera, votre cœur saura trouver ce qu'il y a de mieux à dire pour
leur défense :

*Pectus homines disertos facit.*

La parole ayant ensuite été donnée à M. J. Sechehaye,
récemment nommé aux fonctions de Juge suppléant au Tribunal
civil de Sedan, il a prononcé l'éloge de Lacretelle aîné.

# ÉLOGE

## DE

# P.-L. LACRETELLE

---

Ne croyez point qu'on puisse être jurisconsulte
sans philosophie, ni orateur sans littérature.

LACRETELLE.

MESSIEURS,

Le voyageur ne prend guère souci du nom des travailleurs qui
ont aplani la route que foule son pied rapide, et élevé la fontaine
qui lui permet d'apaiser sa soif. Ainsi chaque génération vient
puiser au fonds commun, sans s'inquiéter de ceux qui l'ont enrichi.
Lorsqu'en remontant dans le passé, on découvre, à demi-caché par
la poussière de l'oubli, un de ces hommes de talent, dont les efforts
ont contribué au triomphe d'idées neuves alors, presque hasardées,

aujourd'hui admises par tous, on voudrait remettre en lumière son
attachante figure, avec cette auréole dont l'entouraient l'estime et
la reconnaissance de ses contemporains ; on voudrait rappeler
quelle colonne le courageux et intelligent ouvrier de la pensée a
ajoutée à l'édifice de la civilisation humaine.

C'est dans ces sentiments, Messieurs, que j'aborde l'éloge de
Pierre-Louis Lacretelle, qui, dans sa longue carrière, tour à tour
avocat, publiciste, littérateur, homme politique, a traversé avec
honneur l'époque la plus difficile et la plus dramatique de notre
histoire. Il est né dans nos murs, le 9 octobre 1751. Au moment
où il entrait dans la vie sérieuse, la suppression du parlement de
Metz, par le chancelier Maupeou, détermina son père, avocat dis-
tingué, à se fixer à Nancy où était établie la cour souveraine. C'est
là qu'il fit ses débuts ; c'est de là que, sentant sa force, il ne tarda
pas à s'élancer vers Paris. Mais il nous appartient par sa famille,
ses relations, son éducation, s'il est vrai que ces influences premières président à la formation et au développement du caractère,
et impriment à l'intelligence une marque ineffaçable. Il nous appartient par l'attache non moins puissante des sympathies. Toujours
ses concitoyens le suivirent des yeux, applaudissant à chacun de
ses succès qu'ils considéraient comme un honneur pour la ville. La
Société royale des Sciences et des Arts, discernant son mérite,
l'avait appelé de bonne heure au nombre de ses membres, et
Rœderer, dont le père avait tenu le jeune Lacretelle sur les fonts
baptismaux, lui servit d'introducteur dans les salons littéraires de
la capitale.

C'est pour deux juifs de Metz qu'il porta, en 1774, la première
fois la parole en public. A cette époque, l'exercice des arts et
métiers nécessitait un long apprentissage, et était gêné par des for-
malités coûteuses qui entravaient les progrès de l'industrie. Un édit
intervenu en 1767, et dont les dispositions s'étendaient même aux
étrangers, avait créé des brevets pour faciler l'entrée dans les
diverses corporations. Les sieurs Moïse Godchaux et Abraham
Lévy, ayant levé de ces brevets pour la ville de Thionville, le corps

des marchands et celui des officiers municipaux leur dénièrent les droits dont ils se prévalaient en vertu de ces autorisations royales, se fondant sur les lois générales du pays, qui rejetaient les juifs de tous les lieux où ils n'avaient pas obtenu la permission de s'établir. Je ne puis, à mon grand regret, détacher de ce remarquable plaidoyer quelques pages, où, après avoir résumé dans un tableau saisissant les destinées du peuple israélite depuis sa dispersion, après avoir rappelé les qualités qui distinguent cette race malheureuse, Lacretelle arrive à l'examen des défauts qu'on lui reproche, les accepte, mais pour en faire tomber la responsabilité sur la société qui maintient les juifs dans un état d'oppression et d'isolement, et ne peut exiger des vertus de ceux qu'elle flétrit ; où il termine, en revendiquant au nom de la pitié et de la justice, un traitement différent, seul moyen de relever en eux le niveau moral. Le début suffira à vous donner une idée de la hauteur à laquelle il avait placé le débat, et de la manière habituelle dont il composait ses plaidoyers. Esprit philosophique et élevé, Lacretelle élargit, en effet, toutes les causes qu'il touche. Dans chaque affaire, il recherche avant tout les vérités morales, les principes incontestables qui dominent ou inspirent la loi positive, les met fortement en lumière, et ne descend aux détails particuliers qu'après avoir montré les liens existant entre ces principes et le droit qu'il veut faire triompher. S'adressant aux magistrats de Nançy, il entrait ainsi en matière : « Le roi, par un édit, a accordé de nouveaux privléges à l'industrie ; il y a appelé ses sujets, les étrangers, tous » les hommes enfin. Les juifs seraient-ils seuls exceptés d'une » grâce si générale ? Ainsi donc, je pourrais dire que la véritable » question de cette cause est de savoir si les juifs sont des » hommes. » On jugea apparemment qu'ils n'en étaient point, dit spirituellement Auger, car il perdit son procès, mais il n'avait pas en pure perte déployé du talent. Le président de Sivry fut chargé par sa compagnie d'aller féliciter le jeune orateur. Lacretelle eut l'honneur d'attacher son nom à cette cause qui, entre ses mains, était devenue celle de la régénération d'une classe entière de la nation, et de poser ainsi devant l'opinion publique une question que devait résoudre la révolution qui se préparait [1].

Bien d'autres imperfections dans les lois, d'autres préjugés dans les mœurs, appelaient alors les méditations des penseurs ! Au milieu de ceux qui portaient leurs aspirations vers l'avenir, Lacretelle se distingue par des qualités qui sont d'ordinaire l'apanage de l'âge mûr, l'étendue et la profondeur de ses recherches sur les causes. On ne peut feuilleter un de ses premiers écrits, relire un de ses plaidoyers, sans y trouver non l'écho des opinions courantes, mais des études personnelles et originales sur les abus à détruire, les réformes à opérer. Dans un discours sur la multiplicité des lois [2], il exprime ce besoin impérieux qu'éprouvait la France d'une législation plus simple et plus uniforme. Après être remonté jusqu'au système féodal, qui, en morcelant le territoire, a donné naissance à cette variété de coutumes contre laquelle il s'élève, il montre, en outre, dans chaque ville, la tâche du juge rendue plus ardue par les statuts des corporations qui viennent modifier la loi locale. Il rappelle ces conflits journaliers et interminables entre la

---

[1] En 1780, un juif portugais poursuivait devant le parlement de Paris une instance en répudiation de sa femme. Dans la situation particulière faite par la législation aux israélites, il invoquait, à l'appui de sa demande, comme dernière et principale raison, que son épouse ne trouvait plus grâce devant ses yeux. *Non invenit gratiam coram oculos ejus.* Lacretelle, dans sa plaidoirie pour la femme, repoussa cet argument tiré du texte mosaïque, en s'appuyant surtout sur la morale et le droit naturel, et, plus heureux cette fois, gagna sa cause. Là encore il avait combattu contre le maintien de lois surannées et d'un régime d'exception.

[2] Écrit en 1778. J'ai lu quelque part qu'un romancier, maintenant célèbre à Paris, avait, en attendant gloire et fortune, été forcé pour vivre de composer des sermons destinés à des prédicateurs de paroisses. Le discours sur la multiplicité des lois doit sa naissance à des circonstances analogues. Un premier président de Parlement, ayant à prononcer un discours de rentrée, s'adressa à Lacretelle. Mais lorsque ce dernier lui eut soumis ce travail aux vues hardies, qui concluait à une réforme du système législatif, le président ne jugea pas que cette harangue fût son fait, et demanda une composition plus modeste à Lacretelle, qui rentra ainsi en possession de son discours primitif.

puissance civile et la puissance ecclésiastique, résultat d'une déli-
mitation incertaine de leur autorité et de leurs attributions.

Plus tard, le comte de Sannois, contre lequel, à la suite d'em-
barras et de discussions pécuniaires, sa femme, sa fille et son
gendre, avaient obtenu une lettre de cachet et l'autorisation de le
faire enfermer à Charenton, confia ses intérêts à Lacretelle. Ce fut
pour lui l'occasion d'un écrit sur les détentions arbitraires qui fut
très apprécié. Mirabeau lui-même, bon juge en cette matière, féli-
cita l'auteur d'avoir su renouveler par la modération un sujet épuisé
par l'invective. Permettez-moi, Messieurs, de placer ici le récit d'un
incident du procès qui vous prouvera combien cet éloge de modération était mérité. Tronçon Ducoudray, l'avocat de ses adversaires,
l'avait, dans une assez vive réplique, attaqué personnellement et
accusé de chercher dans des considérations étrangères au fond de
l'affaire une occasion de scandale. Lacretelle, après avoir montré
que la discussion sur l'abus des lettres de cachet se rattachait inti-
mement aux faits de la cause, maintint avec fermeté le droit pour
l'avocat de donner à ses arguments la disposition et le développement qu'il juge nécessaires. Cette réponse pleine de convenance
et d'habileté, fit impression sur Tronçon Ducoudray, qui, recon-
naissant ses torts, chercha à se rapprocher de Lacretelle, avec
lequel il se lia dès lors d'une inaltérable amitié.

En 1785, une députation de commerçants vint demander à Lacretelle un mémoire contre un arrêt du Conseil d'État qui avait
accordé un privilége à une nouvelle compagnie des Indes, peu
de temps après la destruction de la première. Dans le travail qu'il
publia, je laisse de côté cette partie, où, après avoir défini le privilége qu'il considère comme une dérogation à l'ordre naturel, il
affirme le droit qu'ont les parties lésées de faire entendre et
accueillir leurs réclamations : mais je signale à votre attention une
seconde partie où il examine si les prohibitions de l'arrêt du Conseil
d'État ne sont pas nuisibles aux intérêts généraux et particuliers. Il
y a là plusieurs pages que pourrait, sans anachronisme, signer un
économiste moderne. Inspirées par le même esprit, appuyées sur

les mêmes raisonnements, elles demandent l'application des doctrines qui triomphent à cette heure. Loin d'être ébranlé par l'exemple de l'Angleterre, dont le commerce et l'industrie, sous le système des prohibitions, étonnaient déjà l'Europe, Lacretelle soutient que ce grand développement n'est pas le résultat du monopole et de la protection, mais bien l'effet d'autres causes particulières. Suivant lui, l'introduction de productions étrangères n'est qu'un stimulant pour l'industrie nationale, qui cherche à surpasser la façon des marchandises importées : la richesse d'un pays ne consiste pas à faire tous les commerces, mais seulement à pouvoir donner tout son essor à celui qui lui est propre. Après avoir demandé l'ouverture des ports, la suppression des barrières et des douanes, il finit en disant qu'en pareille matière, tout le tort qu'une nation, pour s'assurer la prééminence, veut causer à sa voisine, retombe non moins lourdement sur elle-même.

Au moment où Lacretelle élevait, un des premiers, la voix en faveur de la liberté commerciale, et faisait preuve de connaissances, que les lecteurs surpris ne s'attendaient pas à trouver chez un avocat, sa réputation était déjà faite. Lors de son arrivée à Paris, en 1778, il avait su attirer sur lui les regards du monde littéraire dans cette lutte courtoise, où il s'était constitué le champion de l'éloquence judiciaire que M. de Pastoret, alors conseiller à la Cour des Aides, attaquait comme inutile en tous cas, et même comme dangereuse, si elle pouvait égarer le vote du magistrat. Lacretelle la défendit contre son adversaire, qui voulait réduire la plaidoirie à une simple exposition des faits : il la montra, se glissant, à son insu, dans le rapport du juge le plus impartial, et par ce dernier exemple il prouva que permettre une discussion raisonnée, c'est ouvrir la porte à l'éloquence qui, par sa nature même, échappe à toute prohibition. Et en cela, Messieurs, il avait raison. L'éloquence ne consiste pas dans une forme déterminée de langage : c'est la manifestation extérieure d'une émotion profonde que l'orateur communique à ceux qui l'entourent ; c'est un mot, une inflexion de voix, un geste, le silence parfois. L'attitude de Thraséas au sénat

·n'était-elle pas plus éloquente que le discours du rhéteur qui
tentait l'apologie du meurtre d'Agrippine ?

Vers la même époque, la Société royale des Sciences et des Arts
de Metz avait mis au concours cette question : « Quelle est l'origine
» de l'opinion qui étend sur tous les individus d'une même famille
» une partie de la honte attachée aux peines infamantes que subit
» un coupable? » Elle couronna, dans sa séance du 25 août 1784,
le mémoire que Lacretelle lui adressa de Paris. Un autre travail sur
le même sujet avait paru à l'Académie mériter une mention honorable. Rœderer s'empressa de faire les fonds d'un second prix qui
fut décerné à Maximilien de Robespierre, avocat à Arras. Longtemps
après, Lacretelle aimait à rappeler que, faisant au *Mercure* l'éloge
de son jeune concurrent, il avait fait ressortir tout ce que son œuvre
annonçait de sensibilité dans l'âme. Encouragé par le succès, il
continua dans cette voie, examinant les inconvénients qui peuvent
résulter de l'application des lois pénales, et cherchant à concilier
l'intérêt de la société avec la protection des particuliers. Entre ces
études, je citerai de préférence celle sur la réparation due aux
accusés innocents, parce qu'il y a là une question encore entière
qui excite l'attention des nobles esprits, sans qu'il leur soit donné
d'espérer une solution complètement satisfaisante. Il semble dans
les vues de la Providence que toute institution humaine, malgré la
légitimité des bases sur lesquelles elle repose, et la pureté des in-
tentions qui ont présidé à son établissement, entraîne par son
fonctionnement même des résultats iniques, sans doute pour que
l'homme sente davantage à chaque instant la nécessité d'une vie
immortelle où, une fois l'équilibre rétabli, règnera enfin cette
justice absolue dont il porte en lui l'idéal, et dont tous ses efforts
ne peuvent produire qu'une imparfaite imitation.

Le discours de Lacretelle eut un retentissement dont nous ne
pouvons nous rendre compte qu'en songeant combien puissant était
le préjugé qui étendait à tous les membres d'une même famille
l'ignominie d'un seul, leur fermant l'entrée de la plupart des fonctions et ne leur laissant d'autre ressource que l'expatriation. Plu-

sieurs compagnies, et de hauts administrateurs, pour montrer que
la honte ne doit, comme la punition, frapper que la personne du
coupable, entourèrent de faveurs et de prévenances des hommes, à
qui l'on n'avait à reprocher que les fautes de leurs parents. Le nom
de notre compatriote passa les mers et figure à côté de ceux de Condorcet et Saint-Lambert, dans cette liste de onze citoyens français
auxquels la ville de New-Aven-Yorck accorda, le 10 mai 1785, la
franchise de la cité et les droits de bourgeoisie. L'impression pro-
duite par le discours de Lacretelle ne s'effaça chez aucun de ceux
qui avaient été témoins de son apparition. Il nous est permis d'en
constater l'influence dans ce décret de la Constituante qui abolit le
préjugé des peines infâmantes. Plus tard, sous l'Empire, Chenier,
dans son Tableau de la littérature, assignait à l'œuvre de Lacretelle
un rang honorable entre les productions du dix-huitième siècle.
C'est là, à partir de 1785, que commence la période la plus heureuse
de la vie de Lacretelle. Déjà, et malgré sa jeunesse, l'opinion publique le portait vers l'Académie française, qui n'avait pas tardé à
sanctionner le jugement de l'Académie de Metz, en lui décernant le
prix fondé pour l'auteur de l'ouvrage le plus utile qui eût paru dans
les années voisines [1]. Rédacteur du *Mercure*, il était l'ami de
Garat, de Pastoret, de Thomas. Turgot, Saint-Lambert, Condorcet
le recevaient dans leur intimité ; Buffon l'invitait à ces réunions du
dimanche où l'on dissertait sur les progrès du style. Mais de toutes

---

[1] Ce n'étaient pas ses premières couronnes académiques. Dès 1774, l'Académie de Nancy avait accordé le prix des belles-lettres à un discours de
Lacretelle sur ce sujet : « Assigner les causes des crimes et donner les moyens
de les rendre plus rares et moins funestes. » Quelques années plus tard, l'Académie française mit au concours l'éloge de Montausier. Notre compatriote
obtint le second prix, le premier ayant été décerné à Garat. Le duc de Montausier avait été chargé, par Louis XIV, de l'éducation du Dauphin. A la suite
de son travail, Lacretelle fut naturellement amené à rechercher quelle est la
meilleure manière d'élever l'héritier du trône. Des réflexions que lui suggéra
cet examen, il nous reste quelques notes et le discours qu'il prononça, le 17
avril 1792, à l'Assemblée législative. Il insista pour que la représentation nationale exerçât un droit de contrôle sur l'éducation du jeune prince auquel la
Convention allait donner pour précepteur le cordonnier Simon.

ces amitiés, la plus précieuse fut celle du vénérable Lamoignon
de Malesherbes qui lui témoignait une affection presque paternelle,
et lui confiait ses projets de réforme dans des entretiens où se révé-
lait toute la beauté d'une âme que remplissait le seul amour du
bien public. Lacretelle lui présenta son frère Charles, le futur histo-
rien de la Révolution, alors âgé de vingt et un ans et déjà lauréat
de l'Académie de Nancy. Malesherbes s'empressa d'ouvrir au jeune
homme sa bibliothèque, et plus d'une fois, souriant à son ardeur
studieuse, le guida de ses bienveillants conseils. Les deux frères
gardèrent de cet accueil une reconnaissance ineffaçable, et le dernier
écrit de chacun d'eux contenait, avec un hommage à la mémoire
de l'auguste vieillard, des paroles de regret sur le sort de la ver-
tueuse famille et de la société d'élite où il leur avait été donné de
pénétrer et d'admirer, au milieu d'un luxe élégant, la simplicité
des manières, les grâces de l'esprit et la bonté du cœur. La protec-
-tion de Malesherbes valut à Lacretelle sa nomination dans une com-
mission chargée de présenter au roi des projets de réforme sur les
lois pénales, et bientôt après un emploi dans les bureaux du ministre
Necker, qui lui demanda un mémoire sur l'institution des bureaux
de finance et l'utilité de leurs fonctions.

Louis XVI convoqua les États généraux. Electeur de Paris et
membre de la première commune, Lacretelle ne siégea pas sur les
bancs de la Constituante, où il avait été élu député suppléant.
Nommé à l'Assemblée législative, il monta à la tribune dans plusieurs
circonstances importantes : il y parut honorablement, mais sans y
remporter de ces succès qui marquent. Sa modération, son respect
de la légalité, ne devaient donner à sa parole qu'une influence res-
treinte sur une assemblée qui, dans ces moments de crise, ne sem-
blait, comme la Convention, disposée à consulter que la loi suprême
du salut public. La place véritable de Lacretelle était au club des
Feuillants. Attaché à la Constitution de 1791, il lutta avec énergie
pour son maintien : et quand, le 8 août, les Girondins mirent en
accusation Lafayette, il fut un des députés, qui, lors de l'appel no-
minal, votèrent, sous les menaces des tribunes, l'acquittement du

défenseur de la monarchie constitutionnelle. Insulté et frappé à la suite de la séance, il dénonça ces violences dans une lettre qui fut lue par le président Lafond-Ladebat, et sur laquelle on passa à l'ordre du jour. Lorsqu'une assemblée laisse ainsi insulter quelques-uns de ceux qui la composent, sans ressentir toute entière l'affront qui lui a été fait, elle se déconsidère et doit s'attendre à subir elle-même les humiliations qu'elle a laissé infliger à ses membres. Il ne reste plus à un homme d'honneur qu'à se retirer. C'est ce que fit Lacretelle; mais il pouvait se rendre ce témoignage qu'il n'avait pas déserté son poste tant que le soin de sa propre dignité l'avait permis, tant qu'il était resté une chance pour le maintien des principes auxquels il s'était dévoué. Pendant les proscriptions de la Terreur, auxquelles il eut le bonheur d'échapper, il se retira à la campagne, pour ne reparaître sur la scène politique qu'à l'avènement du Directoire. Un arrêté du sénat conservateur l'appela, à la date du 4 brumaire an IX, à faire partie du Corps législatif. Ce fut la dernière fois qu'il siégea dans une assemblée délibérante. [1]

En 1801, la mort de La Harpe lui ouvrit les portes de l'Académie française réorganisée sous le nom d'Institut national. Il fut l'un des cinq membres chargés du rapport qu'avait demandé l'empereur sur le *Génie du Christianisme*. Son opinion se distingue de celle des autres par la justesse des critiques qu'il adresse à l'auteur, sur le plan trop absolu de son ouvrage, sur l'affectation parfois cherchée

---

[1] L'indépendance de son caractère empêcha, dit-on, Lacretelle d'être nommé de nouveau au Corps législatif. Elle s'alliait en lui à une facilité dans les relations, à une aménité dont il me serait trop facile de multiplier les témoignages. On l'appelait *le bon Lacretelle.* Ce mot, légèrement ironique, marque bien cette considération d'une nature particulière que le monde accorde aux hommes qui se distinguent par des qualités personnelles et la supériorité des talents, mais à qui a manqué la science de tirer parti de leurs avantages pour leur propre fortune. Sous l'Empire, Lacretelle parvint, à force de soins et de persévérance, à faire reconnaître la légitimité des droits que le prince de Carignan réclamait sur les biens héréditaires de la maison de Savoie. La mère du prince lui dut également sa réintégration dans la jouissance de son douaire, et, reconnaissante de son dévouement, vécut depuis lors avec lui sur le pied de la plus étroite intimité.

de son style, et, hâtons-nous de l'ajouter, par la sincérité des éloges. Je n'ignore point qu'attaché aux principes philosophiques, il était resté en dehors de ce courant de foi renaissante et de ferveur religieuse qui contribua tant au succès du *Génie du Christianisme*. Cependant n'aurait-il pu montrer plus d'admiration pour ce livre, brillant présage d'une rénovation littéraire qu'il était digne de comprendre? Lui-même, par l'emploi de vieux mots, de tournures hardies et heureuses, n'avait-il pas cherché et souvent réussi à sortir du chemin battu? N'avait-il pas senti que chaque siècle doit varier le moule où l'écrivain coule sa pensée? N'avait-il pas, vers la même époque, essayé par des combinaisons inusitées de renouveler le théâtre français, en affranchissant l'auteur dramatique d'un asservissement trop complet aux régles tragiques, et en lui permettant de développer plus longuement les situations et les caractères? Je veux parler ici de son drame en prose du *Fils naturel*, pour lequel il avait inventé le titre expressif de roman théâtral. Il ne tenta jamais de lui faire subir l'épreuve du parterre, parce que l'étendue de la pièce ne lui permettait pas, comme aux trilogies grecques, d'être renfermée en une seule représentation. Mais Morellet, dans le discours qu'il prononça lors de la réception de Lacretelle, y louait avec justice plusieurs scènes touchantes, des sentiments élevés, des caractères bien tracés. Pour en finir sur cette appréciation du *Fils naturel*, disons qu'avec plus de souci des convenances littéraires, il avait avec les productions modernes une telle analogie, que des auteurs contemporains ont pu s'en approprier sans changement des pages entières, et que l'œuvre à peine remaniée fut accueillie avec grande faveur [1].

---

[1] Deux imitations, ou, pour être plus exact, deux reproductions de l'œuvre de Lacretelle, eurent lieu presqu'en même temps. C'étaient : 1° *La Jeunesse de d'Alembert*, drame en quatre actes, par Merville, représenté à l'Odéon le 14 septembre 1831 ; 2° *La Famille de Lusiguy*, drame en trois actes, par Frédéric Soulié et Adolphe Bossange. *La Famille de Lusigny*, dont les deux premiers actes sont, sauf quelques suppressions et des changements insignifiants, empruntés textuellement au *Fils naturel*, fut jouée pour la première fois au Théâtre Français, le 15 octobre 1831, et y obtint un durable succès. Ce

La vie de Lacretelle s'écoulait assez paisible au milieu des occupations académiques, lorsque survinrent les désastres de 1814 et le
rétablissement de la royauté. Il salua avec joie l'avénement du prince
avec lequel réapparaissaient en France les idées constitutionnelles.
Mais la marche des affaires trompa quelque peu les espérances que
la Charte lui avait fait concevoir. Elle ne pouvait donner satisfaction
entière à un homme suivant lequel la nation, en rappelant les
Bourbons, « n'avait fait qu'abolir la révolution factieuse de 92, pour
rentrer dans la révolution nationale de 89. » Ces quelques mots
nous font deviner sans peine quelle dut être son attitude sous la
Restauration. Tout en restant par caractère et par expérience,
ennemi des complots et des violences, il se mit dans les rangs
de l'opposition libérale, et engagea la lutte dans des écrits publiés
au *Nouveau Mercure*. Lorsqu'en 1818 le ministre Decazes eut
retiré le privilége au *Mercure*, Lacretelle, avec ses collaborateurs,
Jay, Jouy, Étienne, Benjamin Constant, fonda la *Minerve française*
et réclama, comme le plus ancien d'âge, le titre d'éditeur responsable.
Ainsi, touchant déjà au terme, n'ayant plus rien à attendre des
événements, il s'associait à des hommes jeunes encore et dont
l'avenir pouvait payer les efforts, ne demandant pour sa part que
les dangers auxquels pouvaient l'exposer leurs témérités. Il ne
tarda pas, en effet, à être frappé. La loi du 31 mars 1820, ayant
apporté des entraves à la publication de la *Minerve*, il avait pris,
pour échapper à la censure préalable, une patente de libraire-
éditeur qui lui permit de publier successivement plusieurs brochures
de ses amis politiques. Poursuivi pour ce fait, il fut, après plusieurs

succès est constaté dans deux feuilletons des *Débats* des 19 septembre, et
19 octobre de la même année, articles d'autant plus précieux que le critique
qui les a signés avait vu de près Lacretelle et consacre quelques lignes à son
souvenir. Après l'avoir lu, je me suis reproché d'avoir un peu laissé dans
l'oubli, pour le récit des événements, la peinture de l'homme lui-même ; de
n'avoir pas assez fait ressortir la fierté douce, la délicatesse de sentiments,
l'égalité d'âme, chez ce vieillard qui, ayant connu de la vie surtout les épreuves,
sentant, chose plus triste, le silence se faire autour de son nom, n'en gardait
pas moins sur les lèvres le sourire, dans le cœur l'affection pour les hommes.

remises de cause et après avoir présenté lui-même sa défense, condamné par la cour de Paris à un mois de prison et cent francs d'amende, comme ayant, en contravention à la loi, publié divers écrits qui n'étaient que des livraisons déguisées de la *Minerve*. Louis XVIII lui fit remise de sa peine en considération de son âge et de l'Académie française, qui, pour marquer l'intérêt qu'elle prenait au malheur d'un de ses plus anciens membres, venait de l'élever au rang de chancelier. Peu après, Lacretelle s'éteignit, le 5 septembre 1824, à l'âge de 73 ans.

Vous avez, Messieurs, remarqué ce jeu bizarre de la destinée qui voulut qu'avant sa mort, Lacretelle redevînt encore une fois avocat, et cherchât à retrouver pour sa propre cause le talent qu'il avait déployé pour les autres. Si, vers la fin, il s'était retiré du barreau, ce n'est pas qu'il ait jamais méconnu l'importance d'une profession qui lui avait valu de si beaux succès, à en juger par les conseils qu'il donne à ceux qui seraient tentés de suivre cette carrière, et par la préparation sérieuse qu'il exige d'eux. A de longues méditations sur les lois positives, qu'il ne connaîtra bien qu'en les éclairant du flambeau de l'histoire, le débutant doit ajouter des connaissances politiques, administratives, morales, philosophiques. Mais ce n'est pas assez pour lui d'avoir tant appris s'il ne sait rendre ses pensées : aussi, ne doit-il pas négliger l'étude des beaux monuments de la littérature. C'est là qu'il ira saisir le secret de l'éloquence, cet art de faire pénétrer dans l'âme des auditeurs les sentiments qu'on veut leur inspirer, et d'égaler la beauté des conceptions par la richesse de la diction et l'élégance de la forme. Et après de tels efforts, l'homme dont l'intelligence sera si excellemment meublée et la parole purifiée et assouplie par l'exercice, ne pourra se dire un orateur complet, si la nature ne lui a accordé la merveilleuse faculté de trouver, en même temps que les pensées se produisent, les rapports que les unissent entre elles et les mots qui les réalisent. Je sais peu d'image plus heureuse que celle employée par Lacretelle pour décrire le phénomène de l'improvisation, pour faire en quelque sorte assister à la création du discours par l'orateur. « En se

» concevant dans sa tête, dit-il, ses idées reçoivent dans son organe
» les impressions qui lui sont propres, de même que les objets se
» revêtent de couleurs en paraissant au jour. » Au talent et à la
science, se joignent d'ordinaire chez l'avocat, l'honnêteté, le désintéressement et les vertus traditionnelles qu'il n'est nul besoin de
vous rappeler. Lacretelle avait su apprécier ce côté honorable de
votre profession. Il avait peut-être rêvé, pour lui-même, une de
ces vieillesses honorées et sereines qu'entoure une considération
d'autant plus enviable qu'elle s'adresse à l'homme et non à la posi-
tion. Écoutez, en effet, en quels beaux termes, et cependant simple-
ment vrais, je vous en prends tous à témoins, il nous parle de ces
avocats dont l'existence s'est écoulée au palais, digne, laborieuse,
utile, et dont la tête blanchie, la physionomie bienveillante, inspirent
le respect tout en attirant les cœurs. « La confiance de leurs conci-
» toyens leur a dressé dans leurs propres foyers une sorte de
» tribunal où elle les interroge sans cesse, comme les arbitres du
» juste et de l'injuste, et comme les docteurs de la loi, s'ils n'en
» sont pas les dépositaires. C'est dans ces retraites vénérées que
» l'infortuné reçoit des consolations, l'opprimé des secours ; que la
» chicane et l'iniquité sont toujours dévoilées et proscrites ; que la
» connaissance des hommes s'unit à celle des lois pour étouffer
» les desseins funestes et désarmer les passions ; que l'homme
» obstiné et l'homme dur s'étonnent quelquefois d'avoir fait des
» sacrifices, l'un à la raison, l'autre à l'humanité, et que des
» ennemis arrivent avec des projets de vengeance et se donnent des
» paroles de paix. C'est là qu'un homme de bien repose entre les
» bonnes actions du jour et celles du lendemain ; que les mœurs
» antiques décorent dignement la science profonde ; que les réformes
» de la justice doivent être méditées ; que la discipline du barreau
» doit trouver des surveillants attentifs et des défenseurs intrépides ;
» que les préjugés ne doivent pas s'élever contre les innovations
« utiles ; qu'une bienveillance éclairée doit accueillir le mérite
» inconnu, et que l'auguste vieillesse doit distribuer à propos des
» éloges solennels : les éloges des vieillards sont pour les jeunes

» talents ce que sont les bénédictions des pères pour les enfants
» vertueux. »

Le grand mouvement dont il ne pouvait rester le spectateur
indifférent, le détourna de sa voie tranquille pour le jeter dans la
carrière plus dangereuse de la politique. Puis, tandis que la révolution, toutes les digues rompues, se répandait sur la France,
accumulant les ruines, sans que rien pût faire espérer que le fleuve
débordé rentrerait dans son lit et que ses ondes furieuses laisseraient,
en se retirant, comme un sol renouvelé d'où devait surgir une
vivace et consolante végétation, Lacretelle, échappé à grand'peine
au naufrage, recourut aux belles-lettres, et charmé de leur commerce, longtemps après la tourmente, il se plut à les cultiver,
semblant oublier avec elles ses occupations antérieures. Ajoutons,
pour être vrai, qu'il ne faut pas voir dans la destinée de Lacretelle
la seule impulsion des événements, mais aussi la conséquence de
ses réfléxions sur l'organisation du barreau dont il désirait voir la
vitalité se développer par une participation plus active aux choses
publiques. Jusque-là les traditions et la constitution de l'ordre des
avocats, ne leur permettaient pas de porter leurs regards, de placer
le but de leurs efforts au-delà des matières judiciaires. Si Lacretelle
élargissait le cercle de leurs études et leur demandait ces vastes
travaux préparatoires, il ambitionnait en même temps pour eux
des tribunes nouvelles, un forum plus vaste. Un des premiers, il
entrevit que la connaissance des lois et la pratique des affaires
étaient une excellente école pour former des esprits aptes à la
discussion des intérêts généraux. Aujourd'hui l'homme d'État a le
plus souvent fait ses preuves au palais et ne possède d'influence
réelle qu'à la condition de joindre aux qualités d'administrateur le
talent d'exposer et de défendre ses projets. Mais au moment où il
formait ces vues, le régime parlementaire, qui devait favoriser
l'accomplissement de ses désirs, n'existant pas, Lacretelle avait senti
quelle pouvait être la puissance de l'écrivain qui sait mettre à la
portée de tous, les conceptions politiques, judiciaires et philoso-
sophiques qui semblent, au premier abord, l'apanage exclusif d'un

petit nombre d'esprits. Dans un écrit qui porte cet intitulé signi-
ficatif : *Un barreau extérieur*, il rapproche Servan, Linguet, Beau-
marchais, Voltaire, Lally-Tollendal, les hommes du métier et ceux
du dehors, les montre entraînant à leur suite l'opinion publique, et
forts de cet appui, cassant au nom de la conscience et de la justice
les arrêts des parlements. Avoir préparé par ses conseils et son
exemple cette extension du rôle du barreau, avoir deviné l'ascendant
réservé dans un avenir prochain à ceux qui, nourris de fortes et
austères études, sauraient intéresser les foules attentives, c'est là,
Messieurs, un des traits distinctifs de l'homme que nous étudions.

On lui reproche de n'avoir pas toujours vu aussi juste, d'avoir,
par moments, oublié l'activité pratique pour s'égarer à la poursuite de systèmes chimériques. Lui-même en convient quelque part :
« Il n'est, dit-il, aucune époque de nos constitutions où je n'aie fait
» la mienne ; aucune des parties de l'ordre législatif sur lesquelles
» je n'aie médité ou écrit des plans ; et le tout sans avoir souvent
» ni l'espérance de les faire adopter, ni même la pensée de les
» proposer..... Ce sont là les châteaux en Espagne du philosophe. »
Ce mot n'est-il pas sa justification ? Oui, parfois, souffrant du
spectacle qu'il avait sous les yeux, c'était un délassement pour
lui de se demander quelle eût été la marche des événements sous
l'impulsion de guides différemment inspirés ; c'était un soula-
gement de vivre par la pensée dans un monde moins réel, mais plus
heureux ; de repasser dans sa mémoire ces délicieuses soirées du
château de Malesherbes, où, après le labeur d'une journée bien
remplie, le vertueux ministre de Louis XVI lui confiait ses plans de
réorganisation sociale et ses espérances d'amélioration. Lacretelle a
mis en circulation assez d'idées vraies et utiles pour qu'on lui
pardonne de s'être peut-être complu à construire ces châteaux en
Espagne dont il parle. Ils ont droit à notre indulgence, ces éclai-
reurs de l'humanité qui, dans sa marche à travers les siècles, la
précèdent une torche à la main. Leurs erreurs mêmes profitent à
à la foule qui s'avance lentement derrière eux. Là où la lumière de
l'explorateur a vacillé, c'est un signe que le terrain n'est plus sûr,
et un avertissement pour ceux qui s'approchent de l'abîme.

On peut varier d'appréciation sur les théories de Lacretelle : mais il est difficile de ne pas rendre hommage à l'unité de sa vie politique. Au milieu de tous les changements, il resta fidèle à cette devise qu'il avait fait adopter aux Feuillants, et qui résume ses convictions : « La Constitution, toute la Constitution, rien que la Constitution. » En honneur au commencement de la Révolution, proscrit pendant la Terreur, à l'écart sous l'Empire, quelque peu suspect à la Restauration, il répétait à son déclin la profession de foi de sa jeunesse. Cette persistance à suivre la ligne de conduite adoptée commande le respect, alors surtout qu'elle n'est pas facilitée par la fortune personnelle. Lacretelle ne connut jamais la richesse, et après une vie laborieuse, le peu de bien qu'il laissait témoignait de son honorable désintéressement.

Je m'arrête ici, Messieurs, avec le regret de laisser dans l'oubli plusieurs parties d'une existence que j'ai voulu louer sans sortir de la vérité. Que je serais heureux si, dans ce récit incomplet, j'avais cependant réussi à vous inspirer pour elle une sympathique estime ! Ce sentiment, mes chers confrères (laissez-moi encore aujourd'hui vous appeler de ce nom), vous le comprendrez de ma part lorsque je vous aurai dit que c'est à nous, jeunes gens, que Lacretelle adressait ses derniers écrits, ses derniers conseils ; que c'est en nous qu'il plaçait ses espérances. Lui-même semble avoir toujours conservé sa jeunesse, s'il faut entendre par là non l'étourderie, l'inconstance, la passion imprévoyante, mais la foi en l'avenir, le besoin de la faire partager aux autres, l'ardeur à poursuivre le but. Parmi les hommes arrivés au bout de leur carrière, les uns jouissent inactifs et insouciants de la situation acquise ; les autres, moins favorisés du sort, jettent sur ce qui les entoure un regard triste et désabusé et ne laissent tomber de leurs lèvres que des paroles décourageantes. Lacretelle, au contraire, tout en ayant la conscience qu'il avait assisté à de grandes choses qu'il ne serait donné à personne de revoir, ne croyait pas que la dernière scène du drame humain fût jouée ; il continuait à y prendre intérêt, confiant dans le dénouement, et il cherchait à recueillir les enseignements de

son expérience pour guider ces générations nouvelles qui descen-
daient à leur tour dans l'arène et dont il encourageait les généreux
élans. Plus d'une fois, en songeant à ce vieillard qui, sous la neige
des ans, gardait une chaleur communicative et jetait un regard
plein d'espoir vers l'avenir où brillait pour lui le progrès, je me
suis pris à rougir de ces molles défaillances qui envahissent tant
de jeunes courages en face des difficultés de la vie; j'ai souhaité, à
moi et à ceux que j'aime, une de ces âmes fortement trempées
qui ne se courbent pas devant la destinée, mais réussissent presqu'à
oublier dans la contemplation et la poursuite d'un objet plus haut
et plus noble, les souffrances personnelles et les déceptions pré-
sentes.

Nous conserverons, Messieurs, à Lacretelle, dans nos souvenirs
la place qu'il mérite. Il a fait mieux que de nous donner des conseils, il nous a laissé l'exemple d'une vie indépendante, honnête,
toute à l'étude et aux grandes pensées.